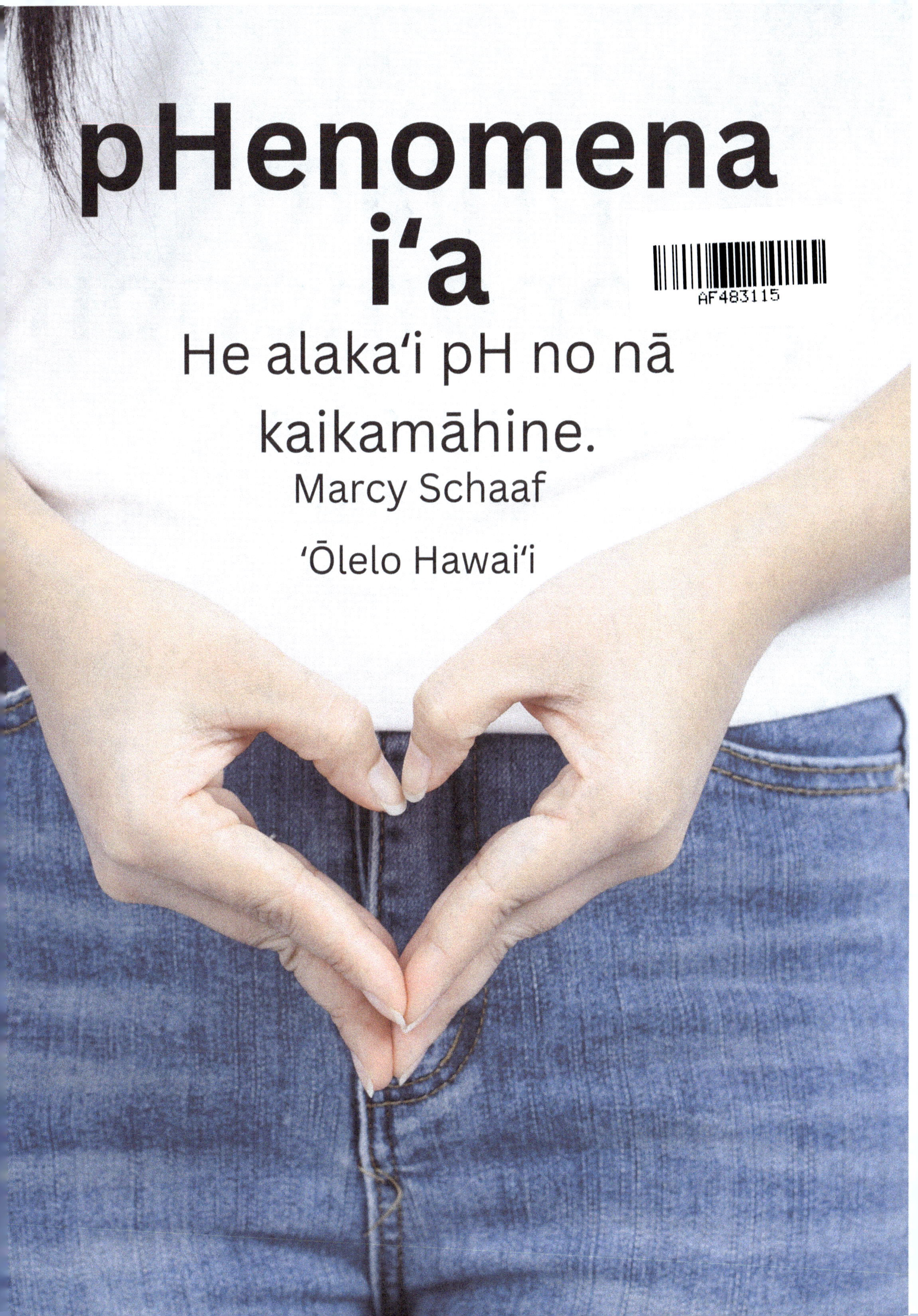

pHenomena
i'a
He alaka'i pH no nā
kaikamāhine.
Marcy Schaaf
'Ōlelo Hawai'i
AF483115

pHishy
pHenomenon
A pH guide for girls.
Marcy Schaaf
Hawaiian

Welcome to the bubbly world where suds, giggles, and pH mysteries await! In "pHishy pHenomenon," we stumbles into soapy chaos, discovering that using the wrong pH balance can turn a bath into a bubbling blunder. Get ready for a hilarious adventure filled with slippery slides, hay bale hair, and a superhero's skin suit gone wrong! Until we find the secret to perfect pH, or will we be caught in the soapy shenanigans of the pHishy pHenomenon? Dive into this bubblicious tale, and let the laughter and learning begin!

Welina mai i ka honua hu'ihu'i kahi e kali ai nā 'ūhā, 'aka'aka, a me nā mea pohihihi pH! I loko o ka "pHishy pHenomenon," hā'ule mākou i loko o ka hu'u kopa, me ka 'ike 'ana 'o ka ho'ohana 'ana i ke kaulike pH hewa hiki ke ho'ololi i ka 'au'au i loko o kahi pō'ino. E ho'omākaukau no kahi huaka'i hi'ona i piha i nā pahe'e pahe'e, ka lauoho bale mau'u, a me ka lole 'ili o kahi superhero i hewa 'ole! A hiki i ka wā e 'ike ai mākou i ka mea huna i ka pH kūpono, a i 'ole e hopu 'ia mākou i nā shenanigans soapy o ka pHishy pHenomenon? E lu'u i loko o kēia mo'olelo huhū, a e ho'omaka ka 'aka'aka a me ke a'o 'ana!

understanding pH effects
1 2 3 4 5 6 7 8 9 10 11 12 13 14
Strongly Acidic
Weakly Acidic
Weakly Alkali
Strongly Alkali

ho'omaopopo i nā hopena pH
1 2 3 4 5 6 7 8 9 10 11 12 13 14
Strongly Acidic
Weakly Acidic
Weakly Alkali
Strongly Alkali

Today, we learn the
magic of pH balance!

I kēia lā, a'o mākou i ke kilokilo o ke kaulike pH!

Bubble Bath Bonanza!

High pH bubbles—uh-oh! The bubbles pop, and a not-so-sweet smell fills the air.

Lesson:

High pH smells bad!

Let's find the perfect pH for our bubbly adventures.

'O ka 'au'au 'au'au Bonanza!

Nā 'ōhū pH ki'eki'e—uh-oh! Pahū nā 'ōhū, a
piha ka lewa i kahi 'ala 'ono 'ole.

Haʻawina:
ʻino ka pH kiʻekiʻe!

E ʻimi kākou i ka pH kūpono loa
no kā mākou huakaʻi hū.

Face Wash Fiasco!

Low pH face wash—oops!
Your face turns oily, like a
slippery slide!

Holoi Maka Fiasco!

Holoi maka pH ha'aha'a—
auē!
Ua 'aila kou maka, e like
me ka pahee pahe'e!

Tip:

Low pH makes skin oily. Let's discover the ideal pH for a fresh-faced feel.

Mana'o kōkua:

'O ka pH ha'aha'a e 'aila ai ka 'ili. E 'ike kākou i ka pH kūpono no ka mana'o hou.

Shampoo Shenanigans!

High pH shampoo—splash!
Makes hair feels like a
hay bale!

Shampoo Shenanigans!

Shampoo pH ki'eki'e — pa'ipa'i! Hana 'ia ka lauoho me he bale mau'u!

High pH makes hair sad, Let's uncover the secret of luscious locks with perfect pH.

ʻO ka pH kiʻekiʻe e kaumaha ka lauoho, E wehe mākou i ka mea huna o nā laka maikaʻi me ka pH kūpono.

Bar Soap Blunder!
Low pH soap—eek!

Skin feels tight,
like a superhero's suit
gone wrong!

Kopa Kopa Pahu!
Kopa pH ha'aha'a—eek!

Pa'a ka 'ili, e like me ka hewa
o ka lole o ka superhero!

Let's unveil the mystery of soft,
supple skin with the right pH.

The magic number—7!
Just like tap water,
it's the skin's best friend.

E wehe kākou i ka mea pohihihi o
ka ʻili palupalu me ka pH kūpono.

ʻO ka helu kilokilo—7!
E like me ka wai paipu, ʻo ia ka
hoaaloha maikaʻi o ka ʻili.

Perfect pH Party!

Bubble Bash:

Our skin loves pH 7!
It's the magic number for a
bubbly, fresh, and fantastic
feeling.

Pāʻina pH maikaʻi loa!

Bubble Bash:

Aloha ko mākou ʻili i ka pH 7!
ʻO ia ka helu kupua no ka manaʻo huʻihuʻi, hou, a nani hoʻi.

Marvelous Makeover!

Use all pH 7 goodies—a bubbly bath,
fresh face, silky hair, and soft skin!

Ho'ololi Kamaha'o!

E ho'ohana i nā mea maika'i pH 7 a pau—he 'au'au 'au'au, ka maka hou, ka lauoho silika, a me ka 'ili palupalu!

Let's share the magic
of perfect pH
with our friends.

E ka'ana like i ke
kilokilo o ka pH
kūpono me kā mākou
mau hoaaloha.

Bubbly Ballet:

Dance with us,
Feel the magic of perfect pH
and let the fun begin!

Bubbly Ballet:

Hula pū me mākou, E ʻike i
ke kilokilo o ka pH kūpono
a e hoʻomaka ka leʻaleʻa!

Tell the secrets of perfect pH .

E ha'i i nā mea huna o ka pH kūpono.

What happens with low pH?

He aha ka hana me ka pH ha'aha'a?

What

happens with

high pH?

He aha ka
hopena me
ka pH
ki'eki'e?

What soap is right for your skin?

He aha ke kopa i kūpono i kou ʻili?

1 2 3 4 5 6 7 8 9 10 11 12 13 14
Strongly Acidic
Weakly Acidic
Weakly Alkali
Strongly Alkali